JN424986

©손민정

권 정우

허공에 지은 집

애지시선 033

허공에 지은 집

2010년 10월 29일 초판 1쇄 발행

지은이 권정우
펴낸이 윤영진
편 집 함순례
디자인 함광일 이경훈
홍 보 한천규
펴낸곳 도서출판 애지
등록 제 2005-5호
주소 300 -170 대전광역시 동구 삼성동 125-2 4층
전화 042 637 9942
팩스 042 635 9941
전자우편 ejiweb@hanmail.net

ISBN 978-89-92219-27-3 03810

애지시선 033

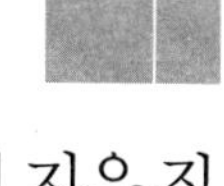

허공에 지은 집

권정우 시집

□ 시인의 말

거미줄 한 가닥
짜는데 여섯 해 걸렸다

거미집 한 채
다 짓지 못한다 해도

나를 몇 번이나
다시 태어나게 해 준 당신이
지켜봐주면 좋겠다

2010년 가을
권정우

차례

2. 가르치기

3. 자전거를 타면서 고마워한 것들

4. 주름

1. 저수지

푸른 기억

새살에서
향기가 난다

딸아이와 함께
어머니 문병 가는 길에 맡곤 하던
매화 향기는 꽃잎과 함께 흩어졌지만

그 자리에
매실이 자라고 있었다

열매가 익으면서
꽃향기를 그대로 기억해 내듯이
딸아이도 점점
내 어머니를 닮아가고 있다

새살은
다른 몸에 난 상처까지 어루만진다

기억이 혼자서

어머니 산소에 들러
고향에 와보니
서른 살의 어머니가 있다

경북 의성에서 서울 이모집을 거쳐
인제에서 하추리까지 하추리에서 농금덕까지
기차 타고 버스 타고 걸어 걸어
밤늦은 시간에 도착한 어머니의
감춰진 여정이 보이고

이고 지고 온 떡이며 차례음식에
환호성을 지르는 사남매 몰래
훔치던 땀과 눈물까지 다 보인다

기억은
고향집 마당에 두고 온 살구나무처럼
돌보지 않는 사이에 불쑥 자라있다

마흔 즈음

바람이 무심코 지나칠수록
연못은 더 깊은 곳까지 흔들린다

바람이 가는 곳
어디라도 가겠다는 듯이
밀려가는 잔물결

눈보라치는
벚꽃 이파리로도 잠재울 수 없었던
젊은 날의 잔물결이여

세월이 무심코 흐를수록
물결은 더 깊은 곳에서 흔들린다

저수지

자기 안에 발 담그는 것들을
물에 젖게 하는 법이 없다

모난 돌멩이라고
모난 파문으로 대답하지 않는다
검은 돌멩이라고
검은 파문으로 대답하지 않는다

산이고 구름이고
물가에 늘어선 나무며 나는 새까지
겹쳐서 들어가도
어느 것 하나 상처입지 않는다

바람은
쉴 새 없이 넘어가는
수면 위의 줄글을 다 읽기는 하는 건지

하늘이 들어와도 넘치지 않는다
바닥이 깊고도
높다

풍경

대웅전 뒷마당

거미줄에 걸린 잠자리에게

거미가 고운 수의를 한 벌 해 입혔다

허공에 새로 생긴 봉분 앞을 지날 때마다

바람이 경을 읽는다

집안에 지은 집

여름휴가에서 돌아와 보니
거미가 거실 한 귀퉁이에 집을 짓고 있다

허공에
구멍으로 지은 집

거미야 세 든 집에 세 들게 해서 미안하구나
전세 만기일이 두 달밖에 안 남은 것도 그렇고

사는 것이 이미 세상에 세 든 것이니
대궐 같은 집에 산다 해도
세 들어 살기는 마찬가지라는 듯

거미는 똥구멍으로
당당하게 집을 짓는다

달

손 한번 잡아본 적 없는데
사랑하게 되다니

앞모습이 전부여도
부족하지 않고

매일 모습을 바꿔도
변덕스럽지 않다

보지 않을 때도
항상 내 곁에

천개도 넘는 마음에 복사되는 걸
태초부터 허락했구나

지는 봄에

목련 꽃잎을 만지던 손으로

딸아이의 머리를 쓰다듬으니

아이에게서 향기가 난다

아이를 쓰다듬던 손으로

떨어진 꽃잎을 어루만지면

꽃에서도 사람의 향기가 나려나

산이 있던 자리

북한산 세 봉우리가
한눈에 바라보이는
이 고개에 서면
풍경이 나를 불러 세운 것만 같다

고개를 넘는 그 짧은 시간에
풍경은 이곳을 지나왔던
모든 것들과
하나가 되게 한다

풍경이 그 사이에도
시시각각 색을 바꾸니
양 옆에 늘어선
건물이며 가로수가
잠시 자리를 피해준다

풍경이 놓인 곳

오랫동안 산이 있던 자리

벚나무도 봄이 되면

혁명을 꿈꾸는 것 아냐

세상을 바꾸려면
나부터 변해야 한다고
마음먹은 것 아냐

수 만개나 되는 꽃송이를
한꺼번에 터뜨려
혁명의 불씨가 되려는 것 아냐

반도의 끝에서 시작된 반란의 기운이
일부는 산맥을 타고,
일부는 도로를 따라
수도로 번져가고 있다는 소식을 듣고
불길에 휩싸인 것 아냐

불꽃이 사그라진 뒤에

새잎이 돋는다는 것도,
열매를 맺기 위해서
꽃이 진다는 것도 모르고

스무 살 청년이던 우리들처럼
자기를 잊은 것 아냐

벚꽃놀이

동안거에 들어갔던
벚나무들이
한꺼번에
깨달음을 얻었나보다

그들의 깨달음을 좇아
밤낮으로
사람들이 모여들고

대지는
착실한 제자들처럼
몸을 낮추어

그들이 하는 설법을
남김없이 받아 적고 있다

꽃이 피는 이유

마흔 번 넘게 봄을 맞이하다 보니
꽃도 달리 보인다

꽃들은 미안한 마음으로 피는 것이 아닐까

날짜를 받아놓았지만
차일피일 미루다가
약속을 어긴 것이 미안해서
저렇게 화사하게 피는 것이 아닐까

누군가의 눈길을 끌 욕심으로
피었다고 보기에는
꽃이 너무 아름답다

빛나려 한 적 없는 달이나
흐르려 한 적 없는 물도
꽃처럼 사정이 있었을 거다

내가 아니어서

내가 강의를 하는 동안
신발장 안에 있는 등산화가
속리산 문장대를 오른다
오랜만에 산에 올라도
풍경이 낯설지 않은 것은
그 덕분이다

내가 잠을 자는 동안에도
안경은 서재에서 책을 보고
만년필은 밤늦도록 시를 쓰고 있다

이들 없이는 내가 없으니
내가 아닌 것들이 고맙고

내 발길과
내 시선과
내 시를 허락해서

나를 만드는
낯모르는 사람들이 고맙다

나는
내가 아닌 이들 사이에서 살고 있다

새는

발자국도 남기지 않으려

허공에 난 길을 가고

그림자마저 발에서 떼어

지상에 남겨 둔다

2. 가르치기

가르치기 1

내가 알고 싶은 것을 가르치는 것에서 시작해서
학생들이 알아야 할 것을 가르치다가
그들이 어려워하는 것을 가르칠 수 있게 되었지만
작은 마루에 올라섰을 뿐이었다

스스로 생각할 수 있도록 가르치다가
지혜롭게 되도록 가르치다가
이제는 가르치려 하지 않고 수업을 즐기려 하지만
말하지 않고도 깨닫게 하는 경지에는 이르지 못했다

언제쯤
능숙하게 나를
가르치게 되려나

고드름

그 아래 무엇이 있기에
밤새도록 처마에 매달려
시린 발을 뻗은 것인가

지상에는
맑은 눈물과
영롱한 꼬리만 남겨둔 채
처마를 기어올라
다시 하늘로 날아오를 거면서

한사코
언 땅에 발 딛으려
줄 서서 기다리고 있다

가르치기 2

— 서설

고랑은 채워주고
두둑은 높여주니
작았던 밭이 끝도 없다

고추밭은 눈밭이다
말라버린 줄기마다
때늦게 꽃이 피었다

강물에 떨어진 눈송이는
사라지지만
잊히지만

햇살이 비치면
수면이
은빛으로 일렁이리라

가르치기 3

바닥이 한 뼘만 밀어줘도
새는 하늘까지 날아오른다

못자리에서 한 뼘 자란 모는
넓은 논 가운데 당당히 선다

한 뼘만 턱을 낮춰도
휠체어가 지날 수 있다

한 뼘이 천 길보다
더 높을 때가 있다

열이 심해 학교에도 못 가고 자리에 누워
천 길 벼랑으로 까마득히 추락할 때
나를 받아준 것도
한 뼘 높이의 어머니 팔베개였다

우리 엄마

엄마는 우물처럼
울음을 참고 살았다

들여다봤으면 가슴까지
눈물이 차올라 있었을 거다

엄마가 매 맞은 날
어린 자식들의 눈물을 씻어주려고
깊은 곳에서 눈물을
길어 올린 적은 있다

그렇지만
스스로 흘러넘친 적은
한번도 없다

우물처럼
깊은 우물처럼

가르치기 4

다리도 강물을 건널 생각이었다
바짓가랑이를 걷어붙이고
몇 걸음 만에 강을 건널 수도 있었다

자기가 건너가 버리면 남겨질 것들,
혼자서는 건너지 못하는 것들이 마음에 걸려
강을 다 건널 때쯤 산처럼 멈춰버린 것이다

그를 보면
인생은 영락없는 계주 경기다

허벅지까지 물이 차올라도
흔들리지 않고 다리는
바통을 넘긴 계주 선수처럼
주자를 응원하고 있다

빚지지 않고 살려는 이에게

다람쥐는 참나무에게
빚진 것 없다고 말하지 않는다
빚지지 않으려 도토리를
식단에서 빼지도 않는다
빚을 도토리로 갚지도 않는다
참나무에게 갚는 것도 아니다

적당한 빚은 사는 이유가 된다
갚을수록 느는 빚
자식이란 이름의 사랑스런 빚처럼

다람쥐는
이 나무 저 나무에 빚지고도 잘 산다

빚지지 않고 살려는 것만큼
큰 빚을 지는 일이 없다는 걸
알고 있는 것 같다

출근길

어제는
시위가 팽팽하게 당겨진
활 모양을 하고 북쪽 하늘로
화살처럼 날아가는
기러기 떼를 봤다

그렇게 멀리 날면서도
한 대도 빗나가지 않고
하늘 끝 과녁에 박히는 걸
밭두렁을 지나며 지켜보았다

오늘은
강을 건너다
남쪽 하늘로 줄지어 날아가는
기러기 떼를 봤다

풀어지는 옷고름 같았다가

줄 끊어진 연 같았다가
시시각각 모양이 변했는데

시로 쓸 생각도 하지 못하고
오래도록 바라보았다

개나리

벚꽃이 피기만을
손꼽아 기다리는 동안

개나리가
언제 피었는지도 모른 채
지고 있다

연애에, 혁명에
눈이 멀어있는 동안

어머니의 생이 지고 있었듯이

어머니는 축대 위에서
제멋대로 생긴 돌덩이들을
평생 끌어안고 사느라
열매도 맺지 못했다

당신 가슴이 돌처럼 무거워져도 놓지 않았다
어머니에게는 돌덩이들이 꽃이었나 보다

꽃이 피는 것도 보지 못하고
꽃이 진다

하늘은

높다
낮게 나는 새도
높이 나는 새도
날 수 있도록

넓다
멀리 나는 새도 있으니까

비었다
더 높이 있는 것들을
가리지 않으려고

무겁지 않아
아래 있는 것들도
눌려 살지 않는다

눈부신 몸일 때도

아닐 때도

항상 그 자리에

봄날 아침

간밤 꿈에 어머니를 뵈었다

어머니는
평상시와 똑같았는데
나는 어머니가 있는 것만으로도
가슴이 벅차서
아무 말도 할 수 없었다

우리는 어쩌면
있는 것만으로도
누군가를 설레게 하는
그런 존재로 태어났는지도 모른다

강물에 들어앉은
봄 산처럼

보고 온 뒤에도

여운이 오래 남는
그런 존재로
살고 있는 것인지도 모른다

지난밤에 어머니는
활짝 피기 직전의
저 목련만큼이나
고운 모습이었다

고마운 도둑

무슨 보물이 묻혀있었기에

밤새 저 넓은 빈 논을

남김없이 파헤친 걸까

천수관음

딸아이가 다니는 초등학교 옆에
육백 년도 더 된 당산나무가 있다

아이는 시험 보는 날이나
숙제 안한 날에도
그 옆을 지나 학교에 가고

'노력하세요' 도장 받은 날이나
나머지 공부한 날에도
그 옆을 지나 집으로 온다

아이가 학교에 다녀주는 게
이 나무 덕분인 것 같아서

손에 쥐고 있는
느티나무 이파리가
꽃보다 아름답다

멀리 있는 마당

우리 아파트에서
차로 한 시간쯤 걸리는 곳에
호수가 한눈에 내려다보이는
산마루턱이 있다

주인이 없는 그곳을
우리 집 마당으로 삼았다

모깃불 향내를 맡으며
멍석 위에서 저녁을 먹고
별빛 아래서 잠이 들면
엄마는 방에 이불을 펴고
아버지는 나를 안아다 눕혀주곤 했지

내 유년의 마당이
못 견디게 그리워지면
그곳을 찾아가리라

그리운 마음이 마당을
수시로 들락거린다

가르치기 8

봄은

두엄에게도

풀잎 더미로

새 옷을 지어 입히는구나

학교에 가기 싫어하는 어린 딸에게

벚나무라고
겨울이 좋았겠어
피하고 싶었지만
어쩔 수 없었겠지

처음부터 견디려 한 게 아니야
살다보니 견뎌진 거지

봄을 바라며 견딘 게 아니야
빙하기가 와도 견딜 수 있게 됐을 때
느닷없이 봄이 온 거야

겨울을 견디지 못했다면
가지가 휠 정도로 핀
저 꽃잎의 무게도
견딜 수 없었을 거야

지리산 천왕봉

맨 뒷줄 한 귀퉁이에
얼굴이 희미한

작은 고모 결혼할 때의
젊은 어머니

백무동 계곡에서
오래된 사진을 올려다보면

큰 산은 항상
가장 먼 곳에 있다

3. 자전거를 타면서 고마워한 것들

발자국

물 빠진 강기슭에
드러난 낯선 문자들

국적이 다른 새들이
필담을 나눴나보다

강물 위에 난
물살 무늬 문자

서산 너머까지 이어진
새털구름 문자

누가 나눈 필담인지 모르지만
헤어지기 싫었던 듯
여백이 없다

겨울 산

잣나무 아래
어머니를 묻고 온 나에게
누가 말 건네는 것 같다

돌아보니 억새가
곱게 수의를 차려입고
지나온 생보다 더 긴
죽음을 살아가고 있다

지나는 바람에게
눈부신 손을
흔들어주기도 하면서

속을 비워
한결 가벼워진 몸으로
살아가는 죽음

이제 내가

가벼워질 차례다

두엄 1

첫서리 내린 날
농부가 두엄을 싣고 와
밭 귀퉁이에 부려놓는다

옆 밭두둑에 뿌려진 마늘들의 눈에는
무럭무럭 김이 피어오르는
시루떡으로 보일지도 모른다

이모부 생일잔치에 갔다 온 누나들이
시루떡 먹은 이야기를 할 때처럼

침만 꼴깍꼴깍 삼키며
바라보고 있는지도 모른다

가을 강

여름 내 그렇게 흘려보냈는데도

여전히 넘실대는 그리움

마흔다섯에

서리 내린 빈 논

비오리들에게는
따뜻한 밥상이다

낟알을 남김없이 거두지 않은
농부에게 고마워하며
늦은 아침을 먹고 있다

악착같이 살지 않기로 한다

자전거를 타면서 고마워한 것들 1

자전거로 출퇴근할 직장이 있는 것
한 시간 거리에 집을 얻은 것

나만을 위한 길
그 길에서 풀 향기를 맡을 수 있는 것
향기가 어릴 적 등굣길로 이끄는 것

계절이 있는 것
아침과 저녁이 있는 것
계절과 시간이 차려놓은 풍경을 볼 수 있는 것
아! 하는 감탄사

풍경을 함께 보고 싶은 사람이 있는 것
고마워하는 마음이 우물처럼 자리 잡은 것

아침, 저녁으로
고마운 마음을 길어 올리면
그대로 시가 되는 것

자전거를 타면서 고마워한 것들 2

사고로 부러진 뼈가 아물기도 전에

언 길에서 자빠졌다

까불지 말아야겠다

까불지 말고 살아야겠다

물억새 밭

크고 부드러운 손이

버려진 땅을

토닥이고 있다

자전거를 타면서 고마워한 것들 3

멀리서 보기만 하고도
안다고 생각한 적이 있다

강물이 불어 지각한 적도
강둑을 따라가 봤지만
끝내 건너지 못한 적도

보름날 달빛을 받으며
강물을 건넌 적도
물소리를 한밤중에
들어본 적도 없으면서

강을 안다고 생각했다

첫눈에 반해
사랑이 시작되듯이
보는 것은

아는 것으로 가는
첫걸음일 뿐이었다

나 아직
손을 담가본 적도
휩쓸려 본 적도 없으니
강을 안다고 말하지 않으리

어린 아들을 울리고

아픈 곳으로 손이 간다

유치장과 구치소를 들락거리던
청년 시절의 나는
어머니의 아픈 곳이었다

그때마다 어머니는
당신 몸에 난 상처를 쓰다듬듯이
부드러운 손으로
나를 쓰다듬어 주셨다

그런데 나는 왜
아들을 이해하지 못하나
상처를 쓰다듬어 주지 못하나

아들을 재우고
아픈 곳으로 자꾸만 손이 간다

버려진다는 것

소년원 담장 옆에

깨진 소주병

소주병도 버려지니

아무한테나 날을 세우는구나

저물녘, 변산

바닷가에 와서 보니
해는 매일 아름답게 지고 있었다

우리의 하루와
한 생도
몸을 낮출수록
더 아름다운 풍경이 된다는 것을

모든 사람들이 알게 될 때까지
멈추지 않을 기세였다

입춘

들판과 논둑에

봄 햇살이 눈보라 쳐

엊그제까지 눈에 덮여있던

길 위에서 길을 잃었다

대보름 달을 보며

우물이 있으면 좋겠다
안 그래도 좁은 아파트에
어디다 들여놓을 거냐고
아내가 불평할지라도

어릴 적 이사하며
두고 온 그런 우물을
거실과 부엌 사이 어디쯤
놓아두고 싶다

우물을 들여다보면
땅 밑에도 하늘이 있어
구름이 흘러가고
별들이 반짝였다

우물가에서
땅도 하늘처럼 여기고

살고 싶다

장마철에는
모자란 듯,
가물 때는
넘칠 듯 솟아나는
우물이 되고 싶다

우물이 있으면 좋겠다
이사해도 가져 갈 수 있는
우물이면 더 좋겠다

견디는 법

자기가 원하지 않았어도

한번 놓이면

생이 다할 때까지

자기 자리에서

한 발짝도 움직이지 않는 바둑돌

너에게

한 수 배워야겠다

4. 주름

봄비 내린 날에는

두루미가 아닌데도
논물에 발 담그고 싶다

아래 논이 아닌데도
위 논이 넘치는 걸
들뜬 마음으로 바라본다

농부가 아닌데도
물고랑이 가득 차니
저절로 흥이 난다

맑게 개인 하늘을 볼 수 있으니
하늘이 아닌데도 아쉽지 않다

두엄 2

타고난 악취를 향기로 바꾸다

겨울 들판에 홀로 있을 때도 따뜻함을 잃지 않다

알아주지 않는데도 실망하지 않고

기꺼이 누군가의 거름이 되다

봄 산

누가 담근 걸까

색색의 어린잎에
꽃잎도 한 줌 넣어
버무렸는데
짓무른 것 하나 없다

간을 안했어도
싱겁지 않고

매일 먹어도
물리지 않는다

언제 철 지날지 몰라
지천이어도
아껴 먹게 되는
여린 잎 겉절이

먼 길

논물에 떠다니는
개구리밥아

그 옆에서 미끄러지는
소금쟁이야

그 밑에 웅크린
개구리 알들아

그 위를 나는
제비야,
두루미야,
비오리야

논두렁에서
얼굴을 비춰보는
유채꽃들아

너희들을 보려고
서른 해를 돌아왔구나

이렇게 지척에
있는 줄도 모르고

자연에 대한 예의

발이 만든 길로 다니기

신을 벗고 개울 건너기

강을 만나면 뒤돌아가거나, 머물거나, 배로 지나기

높은 산이 보이면 돌아가거나 밝을 때까지 기다렸다 넘기

계절을 거스르지 않기

생이 다한 뒤에도 자연에 남는 거니까

사는 날에 집착하지 않기

벚나무처럼

만사 제쳐놓고
꽃부터 피운 적 있었나

나만의 향기가
있다 해도
낮은 데로 흘려보냈는가

꽃잎으로
대지를 덮은 적 있었나

꽃이 진 뒤
더 무성해지려 해보았나

자기 자리에서
멀리까지 그늘을 드리운 적 있었나

한번뿐인 봄이 가고 있는데

호수의 나라

강물이
다랑논까지 오는 동안
계단 삼아 밟고 온

논마다 물이 흥건해
들이고 산이고 호수 천지다

복사꽃이 필 때부터 아카시 꽃이 질 때까지,
벚꽃이 질 때부터 찔레꽃이 필 때까지

출근길에 풀숲에서 마주친 도마뱀에게

내가 너보다는 간이 큰 거다

너처럼 줄행랑을 치지는 않았잖느냐

산에서 나오며

산처럼
자기 자리에서
남들을 위로해 줄 수 있을까
얼마나 오래 서 있어야 그럴 수 있을까

위로받지 않아도
산처럼
누군가에게 위로가 될 수 있을까
얼마나 위로 받아야 그럴 수 있을까

어디 있어도
있는 것만으로 위로가 되는
산처럼

어느 날 홀연히
사라진다 해도
탓하는 사람 아무도 없을

텅 빈 가을 산처럼

사이

벼 포기가
자기 키 만큼 거리를 두고 서 있다

혼자 서는 법을 배우려면,
쓰러져도
이웃한 벼를 다치지 않게 하려면
적당한 거리가 필요하다

두루미가 개구리를 잡으러
지나가는 저 사이로

지난가을에
태풍이 지나고
거미들이 들락거리며
만 채도 넘는 집을 지었지

거미줄에 매달린 이슬이

아침 햇살을 받아 반짝이다
아름다운 생을 마감하는 사이

논두렁에 자전거를 세우고
벼 포기처럼 서서
바라보곤 했지

다시 사랑할 수 있다면 매실 상자처럼

누군가를 위해
마음을 비우고 기다리다 보면
꼭 그가 아니라도
내 안 가득 들어와 있는 것을 보게 되리라

삶은
다른 이로 인해
묵직해진다는 걸
알게 되리라

비우기 위해서
채웠다는 것도 알게 될 때쯤

버려진 상자처럼
그를 보내고 나면

빈 곳에 가득한

그의 향기

두 개의 달

초승달이
서산 너머로 지려 해

내가 보는 달을
너도 보고 있는 거니

저 달을
설레는 마음으로 바라보는 건
우리가 달을 닮아서인지도 몰라

나는 너로 인해 빛나고
내 빛이 너를 비추는
달빛 같은 사랑

달이
진 뒤에도

우리의 하늘에는
두 개의 달이 떠 있을 거야

내가 보는 달을
너도 보고 있는 거니

사랑

깊고 넓은 가을 강이
강바닥 위를 흐를 때처럼

가을 하늘이
산등성이에 맞닿아 있을 때처럼

틈새가 없는 것이
진정한 사랑이라 생각했겠지
가을 호수에 가보지 않았더라면

너와 함께 보았던 가을 호수에는
하늘이 그대로 들어와 있었다

깊이를 알 수 없었다
하늘빛이었다

하늘처럼

너의 전부가
내 안에 들어와 있는
이런 사랑

11월

낙엽 지는 가을 산이
거꾸로 세워놓은
싸리비 같다

티끌 한 점 없어 보이지만
가을 하늘이라고
쓸어내고 싶은
아픈 기억이 왜 없겠는가

하늘을 보고 있으면
가을을 눈물로 지새웠다는
당신을 보는 듯해서

가을 산 같은
싸리비가 되고 싶어진다

하늘을 쓸어주면서

해마다 한 뼘씩 자라는
가을 산이 되고 싶어진다

늦은 사랑

당신이 보낸 것만 같아요
오래전의 당신을 보는 것만 같아요

갚지 못한 사랑만 한 짐이 없다는 걸 알려주고
가버린 당신

당신이 보낸 거지요

슬퍼도 환하게 웃던
당신이 다시 온 것만 같아요

사랑의 짐을 내려놓을
마지막 기회를 주려고

어머니
당신이 내게
그녀를 보낸 거지요?

마흔일곱

한번이면
족한 봄이
또 오더니

목련
피었는데
벚꽃 피더니

목련
진 자리에
벚꽃 지네

한번도
힘든 봄이
자꾸 가네

멀어서 더 아름다운

강 건너에 핀 꽃나무나
작은 산들을 품고 있는 먼 산처럼
멀어서 더 아름다운 것들이 있다

서산에 걸린 해처럼
사람이 사는 마을을 내려다보는 별처럼

크고 높아서
멀리서도 다 보인다

점점 더 멀어지는
유년과 청년시절이며
돌아가신 내 어머니가 그렇듯이
멀어질수록 더 아름다운 것들도 있다

고개를 들지 않아도 보일만큼
크고 높다

감은 눈으로도
또렷이 보이니

당신은
얼마나 크고
얼마나 높은 것인지

주름

강물에 난 주름을 바람이
자세히 읽는 걸 바라보다가
당신의 어깨에 기대어
잠들었던가

새하얀 새 한 마리
바람에 새겨진
투명한 주름을 따라
강물을 거슬러 올라갔던가

산의 주름인 능선
그 너머로 날아갔던가

그날 하루가
우리 가슴에
주름으로 새겨졌듯이

잠 깨고 나면
우리의 생도
한 줄 주름으로 남을 것인가

누구의 가슴에
아름다운 주름을 남기려고
이렇게 긴 꿈을 꾸고 있는 것인가

□ 해설

허공에 집짓기, 혹은 비움과 채움의 변증법

남기혁(문학평론가, 군산대 교수)

처음부터 견디려 한 게 아니야/ 살다보니 견뎌진 거지(「학교에 가기 싫어하는 어린 딸에게」에서)

1. 그의 얼굴

권정우 시인은 자전거를 탄다. 맑은 아침 청주의 무심천 변을 유유히, 그러면서도 힘차게 페달을 저으며 앞으로 나아가는 검은 얼굴의, 시니컬한 표정의 중년 사내를 본다면 그가 출근하는 길이라고 생각해도 좋다. 직접 보지는 못했지만, "계절과 시간이 차려놓은 풍경을"(「자전거를 타면서 고마워한 것들 1」) 바라보면서 그 풍경과 하나가 되어 자전거를 타고 있을 그의 모습은 왠지 가장 그다운 모습일 거라는 생각이 든다. 목련이 피고 지는 자리에 벚꽃이 다시 피고 지는 봄날을 안타까운 마음으로 바라보게 된 나이, 어느덧 마흔일곱(「마흔일곱」) 나이가 된 그는 나의 도반(道伴)이다.

스물여섯 해 전, 그러니까 1984년 관악산의 매서운 꽃샘 추위가 몰아치던 입학식장에서 우리는 서로 쑥스러운 표정으로 첫인사를 나눴고, 힘겨운 삶의 여정을 장난치듯 함께 해 왔다. 그와 나는 다음 날부터 함께 당구장과 술집을 들락거렸고, 친구의 자취방에 모여 화투를 쳤으며, 아주 심심할 때에만 잠시 책을 읽으면서 문학의 숲을 오만한 표정으로 들락거렸다. 그리고 시집을 읽는 것이 사치스럽다는 생각이 들 때쯤 거리에 나가 돌을 던졌다. 그렇게 시대에 휩쓸리게 되었고, 제 발로 혹은 끌려가다시피 군대에 다녀온 스물일곱 살의 청년들은 아무도 그들에게 부과하지 않은 의무를 자신의 의무인 양 여기면서 한국문학 연구를 위해 대학원 진학을 결심했고, 같은 지도교수 밑에서 현대시를 공부했다. 그때 우리는 서로의 얼굴에서 왠지 모를 '나이'를 읽었다. 김승옥의 「서울 1964년 겨울」에 등장하는 스물다섯 살의 두 젊은이가 왠지 자신들이 너무 늙어버린 것 같다고 생각한 것처럼 말이다.

몇 년 전 권정우 시인이 시를 다시 쓰기 시작했다는 말을 하였을 때 내심 당혹스러웠다. 주책없이 이 나이에 무슨 시를 쓰냐고, 우리 대학 동기 중에 이미 김중식이 있으니 그것으로 족하지 않느냐고 가벼운 면박을 주었지만, 그의 얼굴에 스치는 득의의 표정을 읽고 더 이상 말을 잇지 않았다. 그게 진짜 권정우의 모습이니까. 그는 일찍부터 시인이었다. 함께 문학 공부를 하던 대학 시절의 악동들(그때 우리는 '크리티쿠스' 라는 공룡 이름 비슷한 패거리를 만들고는 한국문학을 한껏 조롱하는 언행을 일삼으며 시간을 견뎌냈다)은 그가 나중에 훌륭한 시인이 될 것을 믿어 의심치 않았다. 그의 섬세하고 여린 감성은 1984년의 시대현실과 충돌하면서 빛나는 냉소의 언어를 뿜어냈다. 우리 악동들은 당시 공연되었던 연극 제목을 빌어 그를 '식민지에서 온 아나키스트' 라 불렀다. 이 별명은 그의 냉소적인 표정과 무관하지 않다. 하지만 그의 냉소는 조지 오웰의 1984년도 아니고 하루키의 1Q84년도 아닌 우리 세대만의 1984년, 그러니까 현실이 아닌 어떤 상상도 허락되지 않는 그 리얼리즘의 시대—중식이 식으로 말하면 '세상은 공포' 였고 '세상을 향한 첫마디' 는 절규였던 시대—에 부딪쳐서 피 흘리며 스러져야 했다. 우리 패거리들은 그의 냉소적 언어 뒤에 숨어 있던 한없이 낮은 숨결이, 서정적인 것이 시대에 질식하는 모습을 안타까운 심정으로 —솔직하게 말하자면, 우리가 그를 질식시켰던 것 같다— 지켜봐야 했다. 그렇게 그는 시쓰기에서 멀어졌던 것인데 그런 그가 불혹을 훌쩍 넘긴 나이에 새삼스레 신인으로 등단을 하고 시집을 내게 되었다. You Win.

2. 침잠하는 언어, 성숙해진 영혼

어느 분야나 마찬가지지만 문학판에선 세대마다의 몫이 있다. 시단에 갓 등단한 세대에게 우리가 기대하는 몫은 도발이다. 불온한 표정으로, 예의 없는 말버릇으로, 일순간의 망설임 없이 세상을 향해 돌팔매질을 하는 것. 스무 살을 갓 넘을 무렵의 나의 벗, 권정우 시인은 시가 아닌 몸으로 그 일을 했다. 이제 마흔을 훌쩍 넘어 쉰을 바라보는 처지에 다시 '시인' 이 되어 시단에 얼굴을 내민 권 시인에겐 더 이상의 '도발' 은 없다.

그래서 좋다. 인정하기는 싫지만 이제 우리는 예의를 갖추고, 책임을 져야할 나이가 되었다. 이제 나이 먹은 것을 인정해야 하는 것이다. 어느덧 "까불지 말아야겠다/ 까불지 말고 살아야겠다"(「자전거를 타면서 고마운 것들 2」)고 다짐해야 할 나이가 되어 버린 것이다. 우리가 원하지는 않았지만 말이다. 이것은 성숙의 다른 이름이 아닐까? 「내가 아니어서」에서 시인은 "나는/ 내가 아닌 이들 사이에서 살고 있다" 고 말하고 있거니와, "나를 만드는 낯모르는 사람들" 사이에서 우리는 한없이 낮아지지 않으면 안 된다. 그는 어느새 "우리의 하루와/ 한 생도/ 몸을 낮출수록/ 더 아름다운 풍경이"(「저물녘, 변산」) 되는 비밀에 도달하고 만 것이다. 그러니까 그는 시단에 새로운 얼굴로 등장한 순간 늙은 표정을 짓지 않으면 안 된다. 거친 도발의 언어 대신에 한없이 낮아지는 숨결로 타자의 삶을 되돌아보고 상처를 어루만지며, 타자의 얼굴을 나의 내면 깊숙이 받아들이지 않으면 안 된다. "기꺼이 누군가의 거름이 되"(「두엄 2」)는 것이 동시에 나의 상처를 어루만지는 길이기 때문이다. 한없는 침잠과 성숙의 언어를 자신의 언어로 받아들이는 것. 가령, "쓸어내고 싶은/ 아픈 기억"을 쓸어내기 위해 스스로 "가을 산 같은/ 싸리비가 되"(「11월」)는 것이다. 내 스스로 '아픈 기억'을 쓸어내지 않으면 그 누구의 '아픈 기억'도 치유해 줄 수 없는 까닭이다. 권정우 시인은 이렇게 성숙한 얼굴로 시단에 이름을 내밀었다. 그의 성숙은 자기에로의 한없는 침잠 끝에 타자의 얼굴을 만나는 대목에서 진면목을 드러낸다. 시인은 그것을 거리(혹은 사이)의 상상력, 비움과 채움의 변증법으로 펼쳐 보인다.

벼 포기가
자기 키 만큼 거리를 두고 서 있다

혼자 서는 법을 배우려면,
쓰러져도
이웃한 벼를 다치지 않게 하려면
적당한 거리가 필요하다

두루미가 개구리를 잡으러
지나가는 저 사이로

지난가을에
태풍이 지나고
거미들이 들락거리며
만 채도 넘는 집을 지었지

—「사이」 부분

누군가를 위해
마음을 비우고 기다리다 보면
꼭 그가 아니라도
내 안 가득 들어와 있는 것을 보게 되리라

삶은
다른 이로 인해
묵직해진다는 걸

알게 되리라

비우기 위해서
채웠다는 것도 알게 될 때쯤

버려진 상자처럼
그를 보내고 나면

빈 곳에 가득한
그의 향기

—「다시 사랑할 수 있다면 매실 상자처럼」 전문

「사이」에서 시인은 '자기 키 만큼 거리를 두고 서 있' 는 벼 포기를 본다. 모를 심어놓은 여름 논을 가본 사람이라면 누구나 '자기 키 만큼' 의 거리가 얼마나 되는지 알 것이다. 정말 자기 키 만큼이다. 모와 모 사이에 있는 '자기 키 만큼' 의 거리는 부재의 공간이다. 그러나 이 부재의 공간이 있어서 한없이 많은 것들이 생성된다. 먹이를 찾는 개구리가 지나가고 그 개구리를 잡으러 두루미가 지나가고, 거센 태풍이 생장하는 벼 포기가 상하지 않게 지나가고, 거미들이 "만 채도 넘는 집" 을 지으려면 그 부재의 공간이 있어야 한다. 이 부재가 '혼자 서는 법' 을 가능케 하는 동시에 '이웃한 벼를 다치지 않게' 한다. 여기서 나는 진정한 에고이스트의 얼굴을 읽는다. 벼와 벼 사이의 거리는 단독자로서 살아가야 하는 인간의 숙명을 감내하기 위한 거리이지만, 또한 그것은 이웃과의 연대를 위해 필수불가결한 거리이다. 그 거리가 있음으로 해서 비로소 내가 서 있을 수 있고 이웃을 지킬 수 있다. 시인이 "논두렁에 자전거를 세우고"(「사이」) 벼가 자라는 논의 풍경을 바라보며 깨달은 삶의 진실이다. 부재는 곧 연대이며, 또한 생성이다.

「다시 사랑할 수 있다면 매실 상자처럼」에서 시인은 비어 있는 매실 상자를 보고 있다. 하지만 비어 있는 그 상자는 매실의 '향기'(5연)로 가득 차 있다. 매실의 향기로 가득 찬 그 빈 상자는 비어 있지만 비어 있지 않다. 그것은 비우기 위해 채우고, 채우기 위해 비워야 하는 인간의 아이러니한 운명과 닮았다. 어느 누구도 자기 혼자서는 완성될 수 없다는 것, 그래서 "삶은/ 다른 이로 인해/ 묵직해진다는" 것, 다른 이를 받아들여 묵직해지기 위해 자신을 비우지 않으면 안 되는 것, 그리고 나를 비워낸 그 부재('내 안')의 공간에 비로소 "가득 들어와 있는 것", 그것을 시인은 사랑이란 이름으로 빗대어 말하고 있다. 그 사랑은 때로는 "갚지 못한 사랑만 한 짐이 없다는 걸 알려주고/ 가버린"(「늦은 사랑」) 어머니의 사랑이나, 서로 멀리 떨어진 곳에서 각자 달을 보면서 "나는 너로 인해 빛나고/ 내 빛이 너를 비추는/ 달빛 같은 사랑”(「두 개의 달」)을 속삭이는 연인의 사랑이 되기도 하며, “하늘처럼/ 너의 전부가/ 내 안에 들어와 있는”(「사랑」) 그 깊이를 알 수 없는 절대적 사랑으로 변주되기도 한다. 그 모든 사랑이 나를 비워내는 것에서 시작하여 그 비워진 공간을 타자로 가득 채우는 것으로 완성된다.

이런 사랑에 도달하기 위해 그는 젊은 날의 격정과 고뇌를 떨쳐버리고 한없이 자기에로 침잠했던 것인가? 자연이 가르쳐 주는 그 성숙의 시간을 말이다. 이 시간을 견뎌낸 시인은 어느덧 ‘산’을 닮아 가고 있다.

어디 있어도
있는 것만으로 위로가 되는
산처럼

어느 날 홀연히
사라진다 해도
탓하는 사람 아무도 없을
텅 빈 가을 산처럼

—「산에서 나오며」 부분

산은 끊임없이 자기를 비워냄으로써 남을 품어낸다. 시

인은 "자기 자리에서/ 남들을 위로해 줄 수" 있는 산, 누천만년 세월을 묵묵히 한 자리를 지키며 남에게 위로가 된 산을 닮고자 한다. 그것을 위해서 시인이 먼저 할 일이 자신을 비워내는 것이다. "속을 비워/ 한결 가벼워진 몸으로/ 살아가는 죽음// 이제 내가/ 가벼워질 차례다"(「겨울 산」)라고 말하는 것이다. 마치 만사 제쳐 놓고 꽃을 피우고, 향기를 흘려보내며, 꽃잎으로 대지를 덮은 후의 무성해진 벚나무가 비로소 "자기 자리에서/ 멀리까지 그늘을"(「벚나무처럼」) 드리우는 것처럼 자신을 비워야 남을 채울 수 있는 법이다. 이 비움과 채움의 변증법에 도달함으로써 그는 한없이 낮아진 숨결로서 우리에게 서정적인 감동의 세계를 펼쳐 낸다. 마치 사랑의 언어처럼.

3. 허공에 지은 집 — '거미줄' 에 대하여

비움으로써 채우는 것, 채우는 순간 비워내기 시작하는 것은 권정우 시인이 도달한 동양적 사유의 진면목이다. 이런 역설의 언어를 통해 그는 한없이 낮아진 숨결로 돌아가 존재에 대한 통찰로 우리를 이끌어낸다. 「새는」은 그의 동양적 사유가 잘 나타난 작품이다. 새는 "발자국도 남기지 않으려// 허공에 난 길을 가고// 그림자마저 발에서 떼어//

지상에 남겨 둔다"는 것. 허공에 난 길은 길이 아니다. 눈에 보이지 않는 길, 형체가 없는 그 길을 새라는 짐승은 '발자국'을 남기지 않고 날아간다. 우리가 걸어온 그 진흙탕 같은 인생길을 되돌아보면 수없이 얼룩진 발자국이 남아 있다. 삶의 흔적, 혹은 궤적은 내가 여기에 '있다'는 증거이다. 하지만 그것이 온전히 자랑스러운 것이 아님은 누군가가 내 발자국 밑에서 쓰러지고 아파했을 것이라는 깨달음 때문이다. 그러니까 우리가 걸어온 지상의 길은 진정한 길이 아닌 셈이다. 발자국을 남기지 않기 위해 허공의 길을 날아가는 새, 그림자마저 자신의 몸에서 떼어낸 이 유별난 새가 주목되는 이유이다. 권정우 시인에게 '새'는 있음과 없음의 경계에서, 지상과 천상의 경계에서 한없이 낮은 숨결로 우리에게 깨달음을 전해주는 자연의 또 다른 텍스트이다.

이런 '새'와 함께 주목되는 것이 '거미줄'의 이미지이다. '거미줄'은 날줄과 씨줄로 지어낸 자연의 텍스트, 있음과 없음의 경계에서 자연이 빚어놓는 텍스트로서 권정우 시인의 첫시집에서 가장 빛을 발하는 이미지이다. 그가 빚어놓은 거미줄의 이미지는 있음과 없음, 비움과 채움의 변증법을 가장 '빈틈없이' 포착한다. 우선 「풍경」이란 작품을 보자.

대웅전 뒷마당

거미줄에 걸린 잠자리에게

거미가 고운 수의를 한 벌 해 입혔다

허공에 새로 생긴 봉분 앞을 지날 때마다

바람이 경을 읽는다

—「풍경」 전문

「풍경」은 풍경(風磬)이 있는 풍경(風景)을 그려낸다. 대웅전 뒷마당, 아마도 불당(佛堂) 처마 언저리에 거미줄이 있었던 모양이다. 그리고 허공을 날던 잠자리 한 마리가 거미줄에 붙잡혀 칭칭 '수의'를 입게 된 것이다. "허공에 새로 생긴 봉분", 그러니까 거미줄에 낚인 잠자리는 피비린내 나는 생존경쟁의 결과이지만 우리는 거기에서 생존의 피비린내가 아닌, 삶과 죽음을 뛰어넘어 존재에 대한 보다 근원적인 성찰에 도달하게 된다. 있음(色)이 없음(空)이 되고 없음이 있음이 되는 불교적인 깨달음의 경지 말이다. 거미가 집을 짓는 그 허공, 잠자리의 눈에 포착된 그 허공은 사실 허공이 아니라 거미의 견고한 집이었다. 하지만 그 집은 집으로 완성된 순간에 집이 아닌 '봉분'이 된다. 삶과 죽음의 경계, 있음과 없음의 그 경계에 집을 짓는 비밀을 거미는 어떻게 알게 된 것일까? 한 생명이 죽음으로써 또 다른 생명이 살아나고, 살아 있는 것이 곧 죽음에 도달하는 그 생명의 덧없음이야말로 인간이 짐 지고 가지 않으면 안 될 숙명임을 깨닫는 순간, 그 절대적인 고요의 순간 앞에서 '풍경'이 운다. 바람이 읽는 경. 바람이 울리는 풍경. 그것은 '磬'이자 '景'인 동시에 '經'이다. 요컨대 시인은 허공이 빚어내는 주름 같은 것, '磬'과 '景'과 '經'이 겹쳐진 풍경을 읽어내고 있는 것이리라. 물질로서의 '磬'이 바람의 길목에서 소리로 빚어내는 '景'에서 절대적 진리의 표상인 '經' 읽는 소리를 듣는 것. 이 환청, 혹은 절대적인 것이 감각적으로 현현하는 순간에 대한 환상에 집중하는 것에서 서정적 초월의 비전은 완성된다.

권정우 시인이 그려낸 거미줄의 이미지는 「집안에 지은 집」으로 이어진다. 여기서도 인간 존재에 대한 동양적 사유를 확인할 수 있다.

> 여름휴가에서 돌아와 보니
> 거미가 거실 한 귀퉁이에 집을 짓고 있다
>
> 허공에

구멍으로 지은 집

거미야 세 든 집에 세 들게 해서 미안하구나
전세 만기일이 두 달밖에 안 남은 것도 그렇고

사는 것이 이미 세상에 세 든 것이니
대궐 같은 집에 산다 해도
세 들어 살기는 마찬가지라는 듯

거미는 똥구멍으로
당당하게 집을 짓는다

—「집안에 지은 집」 전문

'허공에 구멍으로 지은 집' 이라! 거미의 집은 그 어떤 직물보다 성글다. 날줄과 씨줄을 교직하여 만들어낸 직물이 좀체 틈새를 허락하지 않는 것과 달리, 거미가 만들어낸 텍스트는 틈새 정도가 아니라 아예 거대한 구멍으로 이루어져 있다. 구멍이 너무 촘촘하거나 아예 없으면 그것은 이미 거미줄이 아니다. 거미줄은 있음과 없음의 변증법을 통해서만 '거미줄' 이 된다. 거미줄은 구멍이 있음으로 해서 비로소 거미줄이 되고, 거미의 삶의 터전이자 집이 된다. 이렇게 시인은 '허공에 구멍으로 지은 집' 에서 "사는 것이 이미 세상에 세 든 것" 이라는 인간의 운명을 읽어낸다. 만일 우리가 살아가는 매 순간이 '세상에 세 든 것' 이라면, 그래서 내가 더 이상 이 세상의 주인임을 고집할 수 없다면, 그리고 세 들어 사는 것에 오히려 당당할 수 있다면, 우리가 세 든 세상에의 '한 귀퉁이' 에 당당하게 허공으로 집을 지은들 무엇이 또 어떠랴. 허공에 구멍으로 지은 집인 까닭에 그것이 없어진들 하나도 아까울 것이 없고, 없어지면 또다시 구멍으로 집을 지으면 그만인 것이다.

무릇 이 지점에서 "사는 날에 집착하지 않기" (「자연에 대한 예의」)로 표현되는 또 다른 삶의 자세가 성립하게 된다. 시인이 '사는 날에 집착하지' 않아도 된다고 말하는 까닭은 "생이 다한 뒤에도 자연에 남는" 것이기 때문이다. 이미 자연의 질서 속에서 파악되는 삶과 죽음이라면, 그래서 죽어도 살아 있는 것일 수 있다면, 이 자연의 역설 속에서 우리는 삶과 죽음의 경계마저 잊고 영원히 살 수도 있고 죽을 수도 있다. 이러한 자연의 진리를 발견하기까지, '자연에 대한 예의' 를 갖추기까지 나의 벗은 "서른 해를 돌아왔구나" (「먼 길」), 그 먹먹한 인생의 뒤안길을 에둘러서 말이다.

4. 모성, 그 영원한 것에의 그리움

그가 에둘러 간 그 먹먹하고 먼 길의 끝자리에 '어머니'가 있다. "큰 산은 항상/ 가장 먼 곳에 있"(「지리산 천왕봉」)듯이 살아계실 때는 미처 알지 못했던, 아니 알고도 표현하지 못했던 그리운 어머니가 있다. 그에게 '어머니'는 자연이다. 생명을 자아내고 품어내는 어머니의 작은 품속엔 이미 거대한 자연에 버금가는 사랑이 숨어 있다. 이런 점에서 어머니는 비움과 채움의 변증법을 가장 잘 구현하는 존재일 것이다. 하지만 '어머니'는 이미 먼 곳으로 떠나셨고, '멀어질수록 더 아름다운 것'(「멀어서 더 아름다운」)으로 젊은 날의 시인의 기억 속에만 남아 계시는 그리움의 존재이다. 그런 까닭에 "간밤 꿈에 어머니"를 뵙고는 "어머니가 있는 것만으로도/ 가슴이 벅차서/ 아무 말도 할 수 없"(「봄날 아침」)게 되는 것인지 모른다.

그런 시인에게 어머니는 '우물' 같은 존재이다. "어린 자식들의 눈물을 씻어주려고/ 깊은 곳에서 눈물을/ 길어 올린 적은 있"지만, 결코 "스스로 흘러넘친 적은/ 한번도 없"(「우리 엄마」)는 우물인 것이다. '우물'로 기억되는 '어머니'는 어느새 시인의 좁은 아파트 "거실과 부엌 사이 어디쯤"(「대보름 달을 보며」)에 와 있다.

어릴 적 이사하며
두고 온 그런 우물을

거실과 부엌 사이 어디쯤
놓아두고 싶다

우물을 들여다보면
땅 밑에도 하늘이 있어
구름이 흘러가고
별들이 반짝였다

우물가에서
땅도 하늘처럼 여기고
살고 싶다

—「대보름 달을 보며」 부분

시인은 그 '우물' 속에서 흘러가는 '구름'과 반짝이는 '별들'을 본다. '하늘'이 온전히 들어와 있는 우물인 까닭이다. 그러니까 그 우물을 자신의 집에 옮겨 놓고 "땅도 하늘처럼 여기고/ 살고 싶"은 마음은 어머니에 대한 그리움이자, 어머니같이 살고 싶은 마음이라 할 수 있다. 권정우 시인은 '어머니'의 마음을 닮은 '우물'을 '강물에 난 주름'이나 '저수지'의 이미지 등으로 다양하게 변주한다. 우선 「주름」이란 작품을 보자.

강물에 난 주름을 바람이
자세히 읽는 걸 바라보다가
당신의 어깨에 기대어
잠들었던가

새하얀 새 한 마리
바람에 새겨진
투명한 주름을 따라
강물을 거슬러 올라갔던가

산의 주름인 능선
그 너머로 날아갔던가

그날 하루가
우리 가슴에
주름으로 새겨졌듯이

잠 깨고 나면
우리의 생도
한 줄 주름으로 남을 것인가

누구의 가슴에

아름다운 주름을 남기려고

이렇게 긴 꿈을 꾸고 있는 것인가

— 「주름」 전문

「주름」에서 주목되는 시어는 '읽는' (1연 2행)이란 동사이다. 앞 절에서 경을 읽는 바람의 이미지에 대해 살펴보았거니와, 시인에게 읽는 행위는 절대적 진리를 표상하는 '經' , 혹은 자연의 이법을 해독하는 행위에 연결된다. 「주름」에서 그 '경' 에 해당하는 것은 '주름' 이다. 강물에 난 '주름' 은 바람에 일렁이는 물결에 대한 비유일 터인데, 시인은 비유를 확장하여 물결을 스쳐가는 바람이 그 물결을 '읽는' 다고 말하고 있다. 그렇다면 '주름' 은 무엇을 환기하는가. 사전적으로 '피부의 살기가 빠져 생긴 잔금' 을 가리키는 '주름' 은 살과 살이 접하는 경계이다. 이 경계엔 시간이 켜켜이 퇴적되어 있다. 사람의 이마에 난 주름을 볼 때 애잔한 마음이 드는 것도 퇴적된 시간의 깊이 때문일 것이다. 가령, 우리들이 보내드린 '어머니' 의 주름처럼 말이다.

2연에서 강물의 주름을 읽어낸 바람에는 주름이 투명하게 '새겨진' 다. 이제 '새하얀 새 한 마리' 가 바람에 새겨진 그 '투명한 주름' 을 좇아서, 강물을 거슬러 올라 그 역시 주름으로 이루어진 능선 너머로 날아간다. 2연의 '새' 란 존재는 무엇일까? 강물의 주름을 빼닮은 능선 너머로 날아가는 새, 그래서 남겨진 자의 가슴에 가장 '아름다운 주름'(6연)을 새겨놓는 새는 우리에게 빚(혹은, 마음의 주름)처럼 남아 있는 '어머니'가 아닐까? 그러니까 시적 화자는 강물의 주름을 보면서 주름 깊은 어머니를 저 세상으로 보내드리고 있는 것인지 모른다. '강물에 난 주름'이 '바람'에 새겨지듯, 어머니를 저 세상으로 보내드리는 시적 화자의 가슴에 어머니의 '아름다운 주름'이 새겨진다. 그리고 한바탕 '긴 꿈'과 같은 생 혹은 주름 같은 생이 다한 후에는, 우리 생에 새겨진 그 주름이 또 다른 "누구의 가슴에/아름다운 주름"으로 남게 될 것이다.

주름 이미지에 나타난 견고한 모성 이미지는 「저수지」에서도 확인된다.

> 자기 안에 발 담그는 것들을
> 물에 젖게 하는 법이 없다
>
> 모난 돌멩이라고
> 모난 파문으로 대답하지 않는다
> 검은 돌멩이라고
> 검은 파문으로 대답하지 않는다

산이고 구름이고
물가에 늘어선 나무며 나는 새까지
겹쳐서 들어가도
어느 것 하나 상처입지 않는다

바람은
쉴 새 없이 넘어가는
수면 위의 줄글을 다 읽기는 하는 건지

하늘이 들어와도 넘치지 않는다
바닥이 깊고도
높다

—「저수지」 전문

「저수지」 역시 모성적 상상력을 견고하게 펼쳐 보인다. "자기 안에 발 담그는 것들을"을 모두 제 품에 담아내는 저수지, 그래서 어느 것 하나 "물에 젖게 하는 법"이 없는 저수지는 "바닥이 깊고도 높"아 "하늘이 들어와도 넘치지 않는" 위대한 어머니 같은 존재이다. 그런 까닭에 저수지, 아니 어머니는 제 안에 던져지는 '모난 돌멩이'나 '검은 돌멩이' 마저도 모나고 검은 '파문'으로 대답하지 않고 잔잔한 물결('줄글')로 품어낼 뿐이다. 비록 바람이 그 "줄글을

다 읽"(4연)어 내지는 못하더라도, 그 깊이를 헤아리지 못하더라도 "어느 것 하나 상처입지" 않게 모든 것을 품어낸다. 그러니까 모성의 상상력은 치유의 상상력이기도 하다.

이런 관점에서 「가르치기 3」과 「어린 아들을 울리고」를 살펴보자.

열이 심해 학교에도 못 가고 자리에 누워
천 길 벼랑으로 까마득히 추락할 때
나를 받아준 것도
한 뼘 높이의 어머니 팔베개였다

— 「가르치기 3」 부분

유치장과 구치소를 들락거리던
청년 시절의 나는
어머니의 아픈 곳이었다

그때마다 어머니는
당신 몸에 난 상처를 쓰다듬듯이
부드러운 손으로
나를 쓰다듬어 주셨다

— 「어린 아들을 울리고」 부분

「가르치기 3」에서 시적 화자 '나'는 열병을 앓아 "천 길 벼랑으로 까마득히 추락"하던 유년 시절의 자신을 겨우 "한 뼘 높이의" 팔베개로 받아준 어머니를 기억하고 있다. 어머니가 내주신 팔베개의 그 "한 뼘"은 비록 보잘 것 없는 높이지만 '나'를 "하늘까지 날아"오르게 하고, "넓은 논 가운데 당당히 서게" 해 주었다. 그래서 어머니 팔베개의 한 뼘은 "천 길보다/ 더 높을" 수 있다. 병든 육체를 소생시키는 치유의 어머니는 그래서 존재를 새로운 차원으로 도약하게 해주는 어머니이기도 하다. 자식이란 이런 어머니에게 "사랑스런 빚"(「빚지지 않고 살려는 이에게」)을 지고도 염치없이 잘 살아갈 수 있는 존재가 아니겠는가. "적당한 빚은 사는 이유가" 되기도 하는 까닭이다. 그 빚은 어머니에게 갚는 것이 아니라 자식에게 새로운 빚을 남김으로 갚은 것이다. 「주름」이란 시의 '주름'처럼 말이다.

「어린 아들을 울리고」에서 시적 자아는 말썽꾸러기 아들을 혼내고 마음 아파한다. 아들을 혼낼 때야 어디 감정에 치우쳤기 때문이라고만 할 수 있겠는가. 그 아들이 바른 길을 가길 바라는 마음이 있었기 때문일 테니 말이다. 하지만 자식이란 내가 가지 못하는 나의 미래라고 하지 않는가. 자식의 길이 나의 길일지언정 그 길은 내가 갈 수 있는 길이 아니라 자식이 가야 할 길이다. 결국 죽이 되건 밥이 되건 자식이 그 길을 터벅터벅 걸어가는 것을 바라보는 것이 부모의 숙명인 셈이다. 애비가 할 수 있는 것이란 고작 자식의 몸과 맘에 난 상처를 어루만져 주는 것뿐이다. 자식의 모든 허물과 상처를 '이해'(4연)해 주면서 말이다. 시인은 이런 깨달음에 도달하는 과정에서 '어머니'를 떠올린다. "연애에, 혁명에/ 눈이 멀어"(「개나리」) 마치 '식민지에서 온 아나키스트'(젊은 날 그의 친구들이 부르던 대로) 같은 표정으로 "유치장과 구치소를 들락거리던/ 청년 시절"의 시인을 "당신 몸에 난 상처"로 여기고 "부드러운 손"으로 쓰다듬어 주시던 치유의 어머니 말이다. 아무 말 없이, 자식의 철없는 행동을 따뜻하게 보듬어 주는 어머니의 손길이야말로 오늘의 시인을 있게 한 존재의 원천이다.

이제 시인은 스스로 '어머니'가 되어, 아니 아버지가 되어 "아들을 재우고/ 아픈 곳으로 자꾸만" 자신의 손을 내민다. 아버지로 거듭난, 그래서 필자에게 같이 늙어가고 있음을 느끼게 한 시인은 이제 자신의 '어머니'를 쏙 빼닮아가는 '딸'의 '새살'에서 '어머니'가 보여준 것과는 다른 새로운 치유의 가능성을 발견한다. 이 슬프고도 아름다운 가족—서사는 한없이 솟아나는 눈물을 새로운 생명의 환희로 치환하는 놀라운 치유의 힘을 가지고 있다. 시인의 어머니를 닮아가는 딸, 시인 자신이 부정한 과거(어머니)를 기억하는 새로운 미래(딸). 「푸른 기억」은 어머니—시인—딸로 이어지는 이 가족—서사를 매화꽃과 매화향기, 그리고 매실의 비유를 통해 감동적으로 펼쳐 보인다.

새살에서
향기가 난다

딸아이와 함께
어머니 문병 가는 길에 맡곤 하던
매화 향기는 꽃잎과 함께 흩어졌지만

그 자리에
매실이 자라고 있었다

열매가 익으면서
꽃향기를 그대로 기억해 내듯이
딸아이도 점점
내 어머니를 닮아가고 있다

새살은
다른 몸에 난 상처까지 어루만진다

—「푸른 기억」 전문